www.tredition.de

AF202307

Für meine Tanten Martha und Olga

H.-Jürgen H. Tiedemann

Spuren

Gedichte

© 2015 H.-Jürgen H. Tiedemann
Umschlag, Illustration: H.-Jürgen H. Tiedemann

Verlag: tredition GmbH, Hamburg

ISBN
Paperback   978-3-7323-4193-1

Printed in Germany

Inhaltsverzeichnis

Zeiten

Gestern ist vergangen,
doch ist gestern heute,
wenn das Gestern in das Heute nachwirkt.
Ich lebe heute,
habe aber keine Zeit für heute,
denn ich denke bereits an morgen.
Morgen kommt,
aber morgen ist heute,
wenn ich nicht will,
dass morgen bereits schon gestern ist.

Im Regen stehen

Er hat alles versoffen,
es ist alles dahin;
ein Leben im Bunker,
nichts macht einen Sinn.

Das Gepäck ist zerbrechlich,
von geringem Gewicht;
was ihr von ihm denkt,
es berührt ihn nicht.

Um deutlich zu sein,
es interessiert ihn einen Scheiß;
morgen bist Du es,
gut, wenn man es weiß.

Eine Hummel im Sturzflug,
ein betrunkener Falter;
kaum, dass wir geboren,
beginnt schon das Alter.

Wir reden vom Wasser,
saufen selber den Wein;
sein Gott ist der Klare,
der knallt stärker rein.

Nichts kommt mehr,
geflüchtet das Glück;
aus dem Leibe gerissen,
nichts kehrt je zurück.

Perdu – vorbei
und dennoch gibt's Licht;
der Hugo, sein Hund,
wo Schatten, ist Licht.

Wenn der Regen fällt,
Haut und Seele durchnässt,
hängt vieles am Schirm,
der uns hoffen lässt.

Ziele

Sei kein Träumer
und dennoch halte fest an ihnen.
Hilfreich sind sie,
die Zeit zu tragen,
in ihr zu atmen
und doch sich selber treu zu bleiben.
Die Wege finden sich im Kopf,
sind Arbeit – Pflicht,
doch auch ein Lächeln,
ein Stück Besinnung.
Der Weg, er ist Dein Ziel.

Jahresringe

Ein Baum,
der durch die Jahre geht,
wird stark.
Er wächst und strebt empor,
entfaltet seine Krone,
schlägt Wurzeln in den Boden,
hält fest, was für ihn Heimat ist,
weicht weder Sturm noch Regen
und fürchtet neben Gott
nur noch den Menschen.

Dem Menschen geht es gleich.
Auch er hält fest an seinen Werten
und fürchtet neben Gott
nur seine eigene Art
und reift mit jedem Jahresring,
von Jahr zu Jahr ein wenig mehr
und seine Krone ist sein Leben,
an dem er formt und feilt,
um eines Tages –
so Gott will,
ein gutes Werkstück hat vollbracht,
das vorzeigbar
und seiner würdig.

Die Möwe

Das Wasser kommt – das Wasser geht,
der Wind stets über Hooge weht;
trägt vor sich her sein eigen Lied,
vielstimmig in den Lüften liegt.

Das Möwenjunge, hilflos, jung,
verlangt seit Tagen nach Fütterung.
Die Mutter liegt gebrochen am Stein,
das Junge nunmehr verlassen, allein.

Unruhig, im zerzausten Federkleid,
in tiefer Not nach Futter schreit.
Drei Tage dauert das grausige Spiel,
es ansehen zu müssen, erfordert viel.

Der Hunger nagt, die Kräfte schwinden,
bald wird die Qual ein Ende finden.
Vereint die beiden dann im Wind,
in dem sie für immer beisammen sind.

Das Wasser kommt – das Wasser geht,
der Wind auch dann über Hooge weht.
Er trägt davon der Möwen Lied,
fortan jetzt auf den Wellen liegt.

Einen Sommer lang

Ein Sommer,
der den Himmel teilte.
Für jeden Tag ein kleines Stück.
Die Sonne
Die Blumen
Die Vögel
Und da warst Du.

Die Sonne ging
Die Blumen welkten
Die Vögel zogen fort.
Das welke Gras hat mich zurück –
Und ich hab mich verloren.

Profanes

Wir mühen und wir jagen
durch's Leben kurzen Lauf,
an allen unseren Tagen,
da brauchen wir uns auf.
Es gibt so viele Sachen,
die unaufschiebbar sind,
kaum bleibt da Zeit zum Lachen,
zu Freuden wie ein Kind.
Und in der Tat – fast scheint es so,
wir sind doch furchtbar wichtig,
und nicht nur hier, auch anderswo,
läuft ohne uns nichts richtig.
So denken wir – die Zeit vergeht,
wo sind sie hin, die Jahre,
die Träume hat der Wind verweht,
schon werden grau die Haare.
Zu spät kommt die Erkenntnis uns,
die Einsicht ist beschwerlich,
oft läuft es besser ohne uns,
wir sind durchaus entbehrlich.

Veilchen

Viele Nächte wurden Tage.
Die Tage sind dahin.
Doch blieb, was unveränderbar,
und wie im Frühling
sprießt der Knospen Hoffnung.
So gilt mein Blick
den kleinen Veilchen.

Zum Meer

Mittagszeit –
Teich und Garten liegen träge,
still an diesem Sommertag,
duften bunte Sinnlichkeit.
Rühren mag sich da wer mag.
Lieber noch im Schatten läge
wohl auch ich zu dieser Zeit.

Asphaltflimmern –
Zwischen Wiesen, reifen Feldern
zieht sich endlos schwarz das Band,
ahn' im Dunst den Deichstrich flimmern,
Knöterich am Wegesrand.
Sehne mich nach kühlen Wäldern,
will mich an das Meer erinnern.

Meeresrauschen –
Endlich setzt der Fuß auf Sand,
Seegras streicht hart um das Bein.
Niemals diesen Ort möcht' tauschen,
wünschte mir, er wäre mein.
Rinnt der Sand mir durch die Hand,
will ich still dem Meere lauschen.

Seewind –
Liegt das Meer im Sonnenlicht,
auf ihm spielen Diamanten.
Jeder einzelne sein Kind,
unter sich beim Namen nannten,
hatte jeder sein Gesicht.
Niemand fragt, wohin sie sind.

Ich –
Wer bin ich – ein Hauch, ein Nichts.
Steh' am Meer – bin schon verschwunden.
Wer erinnert sich an mich?
Kaum gewesen, bald verschwunden,
treib' am Rande dieses Lichts,
bedeutungslos, fürwahr – an sich.

Lied der Frösche

Und heute Nacht gab's ein Konzert,
im Garten, hinter'm Haus;
Musik von sehr speziellem Wert,
doch der Applaus blieb aus.

Das Publikum von eig'ner Art,
nicht jeder schätzt den Chor,
hätt' gern sich dieses Fest erspart,
stopft Watte in das Ohr.

Den Fröschen ist dies' einerlei,
sie legten mächtig los;
wer Stimme hat, der war dabei,
das macht die Sache groß.

So also quakten sie,
mit Leidenschaft die ganze Nacht;
die Nachbarn, aber die,
die hat es um den Schlaf gebracht.

Eine Hand

Eine Hand ist wie ein Wort,
hart und grob,
zart und tröstend.
Sie spricht sehr viele Sprachen ..
und sie versteht.

Er steht vor der Tür

Mein Sommer dauert ewiglich,
das welke Gras, ich seh' es nicht,
mein Wind ist ewig warm.

Die Zeit bleibt stehen,
mag sich die Uhr auch drehen,
der Spiegel hält das Licht.

Doch eines Tages will er rein,
ich glaube es nicht – zu mir allein,
er meint doch jemand anders.

Was sucht er hier,
wieso bei mir?
Ich achte nicht auf ihn.

Und gibt er keine Ruh',
verlangt den Einlass, immerzu,
so werde ich mich beschweren.

Max

Zwei Augen
in hellen Locken,
dunkel, warm –
aufmerksam klug.
Wer in sie schaut,
der sieht die Welt.

Der Körper knuffig,
drahtiges Fell,
schwarz, braun gezeichnet –
mein Hund.
Dieser Blick ..
hast du ein Leckerli?
Ich bin dankbar,
Dankbarkeit wärmt,
Dankbarkeit hält jung.

Schalom

Wohl ist's an dem,
dass ich so manches nicht verstehe –
deshalb .. und auch aus and'rem Grund,
mag vieles ich nicht werten.
Zu tief bin ich dem Volk verbunden,
trage ich doch auch
am Erbe meiner Väter.

Steine am Strand

Vereint,
der Brüder viele,
geeint an ihrem Ziele –
dem Meer.
Hier lässt es sich ruhen.

An harter Schale
rieselt Sand,
auch er hier seine Heimat fand;
auf Zeit,
denn alles ist im Fluss.

Ein jegliches
hat seine Zeit,
träumt dennoch von der Ewigkeit;
bei jeder Flut
ein neuer Glanz.

Die Buddel

Eine Flaschenpost, in's Meer gegeben,
die landete mal eben
auf Helgoland,
dort auf dem Strand.

Hier fand sie Mutter Rubbel
und dachte, welch schöne Buddel.
Da mach ich Saft rein,
das ist fein.
Saft in Buddel,
Saft für meinen Kuddel.
Sie nahm die Flasche mit nach Haus'
und wusch sie dort recht sauber aus.
Johannisbeersaft,
der gibt Kraft.
Sie füllte ihn dann in die Buddel
und gab alsbald sie ihrem Kuddel.
Der nahm sie mit an Bord,
trank sie leer und warf sie fort.
Jetzt schwamm sie wieder im weiten Meer,
die Wellen trugen sie vor sich her –
nach Helgoland,
dort an den Strand.
Hier fand Mutter Rubbel sie erneut
und war schon wieder hoch erfreut.

Zyklus

Dämmerung zieht in die Straßen
und so sie fällt,
verblasst manch klares Bild,
das sich verkauft,
wohl rasch verführt,
an's schwarze Linnen,
das willig deckt
die Welt mit ihren Schatten,
die schwärzer noch als schwarz
und dennoch nicht verhindern können,
dass wiederkehrt –
beim ersten Hahnenschrei,
ein blanker Tag,
der sich verschenkt –
bis wiederum die Dämmerung fällt,
sich wiederholt der Reigen.

Kater Paul

Hinter grünen Blättern vor,
lugt die Sonne
durch das Tor

Paul, der Kater, hingestreckt,
wohlig in des Mittags Hitze,
dösend sich die Pfoten leckt

Fein ist so ein Katzenleben;
so genießt er diese Stund',
möchte sie für nichts hergeben

Von sich streckt er alle Viere,
schnurrt sich leise in den Schlaf.
Ruhe sei gegönnt dem Tiere

Doch kein Zustand ohne Ende,
leise Schritte nahen schon,
leiten ein der Ruhe Ende

Moritz hat den Paul entdeckt,
möchte mit ihm spielen,
damit aus dem Schlaf geweckt

Doch bevor er ihn erreicht,
mag er sich auch sputen,
flink das Katzentier entweicht

Husch .. husch..husch,
ein paar Sprünge,
Katze rettet sich im Busch

Nichts mit spielen,
nichts mit streicheln,
so wie Moritz geht es vielen

Morgen

Und denke ich an morgen,
so stürmen Wolken das Gemüt
und Fluten stürzen tief.
Aus dunklen Schlünden
zermalmen Felsen jedes Wort
und treiben Stürme fort,
wohl auch den letzten Klang der Hoffnung,
nicht ruhend,
bis welkes Gras die Trauer bettet.

Ein Socken voller Träume

Der Sommer ist gegangen,
doch meine Träume sind geblieben.
Dort – an der Wand, neben meinem Bett,
in einem alten Socken,
haben sie Quartier bezogen,
fühlen sich wohl,
in guter Gesellschaft
mit einer Handvoll Sand,
ein paar Muscheln,
einem Büschel Strandflieder.
Wenn es draußen stürmt,
der Regen an die Scheiben klopft,
lausche ich ihrem Flüstern und Kichern,
erfahre von ihren Plänen
für das nächste Jahr
und erinnere mich
an die Sonne, an das Meer,
an die Hummeln im Garten
und bin sehr froh,
diesen Socken zu besitzen.

Nicht interessiert

Ich sitze hier in meinem Sessel
und denk' mich wohl,
an diesem Platz,
an dem mir alles greifbar.
Vermisse sie nicht – die weite Welt,
verzichte gern auf Afrika
und anderswo
und bleib in meinem Topf,
der mir vertraut
und dem ich traue.
Verlange nicht nach fremdem Wind
und hab mich in den Metern eingerichtet,
die mir den Horizont ersetzen;
denn ich bin nur
auf überschaubar angelegt
und pflege meinen eigenen Duft.

So kann es gehen

Ein Kabeljau war auf der Reise,
vom Nordmeer her auf seine Weise.
In Grönland war es ihm zu kalt,
so machte er um Island halt.
Dort blieb er nur 'ne kurze Weile,
trieb ihn das Fernweh doch zur Eile.

Eine Flunder schwärmte vom Mittelmeer,
sie kam von dort erst gerade her.
Und auch das Wasser sei schön blau,
da freute sich der Kabeljau.
So wollte er denn auch dorthin,
das Ziel gab seiner Reise Sinn.

Er schwamm jetzt los, stets geradeaus,
der weite Weg machte ihm nichts aus.
Das Mittelmeer nahm ihn sehr freundlich auf,
so fühlte er sich bald zu Haus.
Die Freude allerdings, sie dauerte nicht lang,
fing ihn ein Fischer doch in seinem Fang.

Was folgte, war ihm gar nicht Recht,
die heiße Pfanne bekam ihm schlecht.
Sein letzter Gedanke galt den kalten Wogen,
die immer noch um Grönland zogen.

Der Kabeljau, reinkarniert,
das Nordmeer jetzt als Walfisch ziert.

Habseligkeiten

Vier Wände – ein Dach
mit Pappe gedeckt,
Zuhause

Eine Kiste
unter dem Bett,
Kinderträume in der Zeit

Ein Holzdackel, braun,
auf Rädern,
folgsam am Band

Ein Kreisel,
peitschenhörig,
Pirouettentanz

Murmeln – ein paar aus Glas,
begehrt,
viele blind

Ein Tomahawk,
bunt, aus Holz,
Erbe eines Indianerfürsten

Ein Buch,
wenige Blätter,
Onkel Toms Hütte

1947
Reichtümer meiner Zeit,
unter dem Bett

Ich

Mag sein,
dass ich ein Träumer bin,
aus Traurigkeit geboren.
So lasst sie mir
und nehmt als Dank
den Rest von Frohsinn
dafür hin.

Noblesse

Ich hatte eine Freundin,
eine Baroness.
Sie war sieben Jahre,
bereits ziemlich kess.

Sie verlieh mir eine Krone,
führte mich ein bei Hof.
Die Krone aus Pappe,
ich fand sie doof.

Sie besaß eine Schatulle,
mit Muscheln beklebt.
Dort ruhte der Kronschatz,
ich war recht bewegt.

Ihre Tante hieß Emma,
eine Seele von Frau.
Sie konnte gut backen,
ihr Napfkuchen 'ne Schau.

Er wurde kredenzt
auf höfischem Bankett.
Wir liebten ihn beide,
die Tante war nett.

Das Kronengetue verlor seinen Glanz,
sie fand mich bald blöd.
Ich liebte Indianer,
die fand sie ganz öd.

Zwanzig Jahre später,
ich hatte sie vergessen,
sahen wir uns wieder,
bei Tante Emma zum Essen.

Wir erkannten uns freudig,
sie nannte mich Lord Kack.
Sie war sehr hübsch,
ich fand sie beknackt.

Nur ein Ast

Ein dünner, unscheinbarer Ast,
reicht hin in meinen Garten;
er ruht, er scheint ganz ohne Hast
auf seine Zeit zu warten.
Und mit dem frühen Sonnenlicht,
beginnt er sich zu regen;
der Ast verwandelt wunderlich,
sein Antlitz – welch ein Segen.
Und deutlich zeigt in großer Zahl,
er stolz uns seine Knospen;
vor kurzer Zeit noch freudlos kahl,
lässt von seinem Glück uns kosten.
Ein Wunder – wie in jedem Jahr,
das sich vollzieht in Stille;
ein grüner Traum wird wieder wahr,
auch das ist Gottes Wille.

Ende März

Im warmen Licht der jungen Sonne
sah ich sie tanzen,
die frühen Mücken.
Erfreute mich an ihrem Spiel
und hoffte
auf einen schönen Sommer,
der auch mein Herz erreicht.

Der bessere Mensch

Der Hund, das ist gewiss,
ein treuer Freund des Menschen ist.
Und jener auch aus Dankbarkeit,
ihm zugetan in seiner Zeit.
In Zuneigung liegt viel Kraft,
die aus Nähe Vertrauen schafft.
So sind denn Mensch und Hund ein Guss,
manch Zeitgenossen zum Verdruss.
Da klingt es denn aus ihrem Mund,
es sei kein Mensch, doch nur ein Hund.
Das ist wohl allgemein bekannt,
hat manches allerdings verkannt.
Und nicht nur das, es stimmt mich heiter,
denk' gerne auch den Faden weiter.
Denn gäb's auf Erden nur den Hund,
in vielem lief's hier besser rund.
Auch Raffgier, Lügen, böse Worte,
die wären fremd an diesem Orte.
So betrachtet ist gewiss,
der Hund der bessere Mensch oft ist.

Der Patient

Ein großes Land
Ein reiches Land
Ein schönes Land
Wohlgenährt,
mit klugen Bürgern.
Ein Land mit befindlicher Haut,
Geschwüre darunter –
sie wachsen.
Wer an sie denkt,
ist sicher um den Schlaf gebracht.

Die 25. Stunde

Magmaroter Sonnenball,
endlich auch des Tages müde,
senkt sich in des Meeres Schoß,
gleitet hin zu fernen Ländern,
lautlos in die Dunkelheit.

Sterne stehen über'm Meer,
flüstern ihm der Welten Rätsel,
aus den Tiefen raunen Sagen,
uralt – längst verschollener Tage,
künden ihre Wiederkehr.

An den Küsten lauscht das Meer,
mit den Flüssen strömt es herbei,
das Geschwätz der kleinen Bäche,
Weisheiten aus tausend Quellen,
speisen dort des Meeres Wellen.

Sucht der Mensch
der Weisheit Schluss.
Wem das Meer den Weg gewiesen,
offenbart das letzte Wort,
trägt als Preis die Ruhe fort.

Rastlos zieht es ihn wieder her,
sagt Ade den stillen Träumen;
mag an keinem Ort mehr ruhen,
Sehnsucht – ungestillte,
ihm das Meer in's Herz gepflanzt. [1]

Nix im Lotto

Herrn Lehmann ist das Herz so schwer,
weil er nicht hat ein wenig mehr.
Dünkt ihm sein Leben doch sehr hart,
da er nur immer spart und spart.
Es plagen ihn der Wünsche viele,
doch fehlt's am Geld für seine Ziele.
Er sucht nach Wegen aus seiner Not,
verlangt es ihn doch nach mehr als Brot.
So grübelt er manch' lange Nacht,
bis endlich es hat Klick gemacht.
Er hat's – ein Lottoschein muss her,
damit sein Geld wird endlich mehr.
Schnell ist beschafft solch' Dokument,
das von uns auch ein jeder kennt.
Die Sache scheint ein Kinderspiel,
obwohl, der Zahlen gibt es viel.
Soll er nun kreuzen eine Drei,
in gleicher Reihe auch die Zwei?
In Folge dann die Zehn und Zwölf,
vielleicht doch lieber Neun, die Elf?
Ein wenig ratlos ist er schon,
doch ohne Mühe, keinen Lohn.
So trinkt zur Stärkung er ein Bier,
weil's so gut schmeckt, der weiteren vier.

Danach ist alles wirklich leicht,
kaum, dass der Zettel für die Kreuze reicht.
Am nächsten Tag gibt er ihn ab,
voll Zuversicht, dass alles klappt.
Und auf dem Heimweg denkt er schon,
was er wohl möchte für seinen Lohn.
Ein neues Auto – das wäre gut,
vielleicht dazu den rechten Hut?
Und eine Reise in die Berge,
für seinen Garten bunte Zwerge?
Fast schämt er sich, auch dies' zu nennen,
sich zu dem Wunsche zu bekennen.
Schön wäre auch 'ne neue Frau,
doch eine, die nicht gar so schlau.
Und dies' und das – es gab soviel,
doch warten muss er ab das Spiel.
Am Samstag kommt bestimmt die Wende,
dann hat die Knauserei ein Ende.
Dann ist's so weit – es soll geschehen,
wie's weiter geht, wir werden sehen.

Alsdann zur rechten Zeit,
sitzt er mit Blatt und Stift bereit.
Fortuna startet das Gerät,
jetzt geht nichts mehr, es war zu spät.
Mit jeder Kugel, die nun fällt,
entfernt er sich vom großen Geld.
Die letzte Zahl – das Spiel ist aus,

der Lehmann ist ganz blass, oh Graus.

Futsch ist der Traum, er ist geplatzt,
im Fernsehen haben sie's verpatzt.
Unruhig ist die Nacht darauf,
mit dumpfem Kopfe wacht er auf.
Das war wohl mit dem Lotto nix,
ein neuer Schein muss her, ganz fix.
Das nächste Mal wird's sicher gut,
so fasst er also wieder Mut.
Jetzt bringt er viele Jahre lang,
sein Geld zum Lotto, nicht zur Bank.
Die Herren dort, die finden's nett,
willkommen ist dort jeder Depp.

Alltag

Herz hemmt Schritt,
auf nassem Pflaster,
zwingt dem Blick den Boden auf.
Sieht ihn dort, auch seinen Hund.
Leere Augen –
eingehüllt in weitem Mantel;
beide klein, dem Boden gleich.
Schild aus Pappe – befleckt, so wie das Leben.
Hut, dem Kopf entfremdet,
beult im Staub,
birgt zwei Münzen –
auch die meine.
Füße flüchten,
hören nicht auf ihre Stimme,
stürzen in die Menge fort,
atmen auf,
dem Blick entflohen.

Später Juli

Der Sommer duftet doch
in vielen Farben,
die angelegt ihr schönstes Kleid.
Und in den Hecken summt und zirpt es;
vielstimmig Lied hier,
weit und breit.
Der Sonnenball, dem Horizont entflohen,
vertreibt den Tau,
der über Nacht die Kühle bringt,
in tausend Perlen.
Und in der Mittagsglut,
am höchsten Punkt,
im Strahlenkranz sich zeigt.

Der Dackel Oscar

Schnell, auf kurzen Beinen – vier,
zieht der Oscar durch die Tür,
die dort in des Nachbarn Haus,
steht schon eine Weile auf.

Oscar, den wir Ossi nennen,
scheint sich dort gut auszukennen,
zieht es ihn mit aller Macht,
zu der Speisekammer Pracht.

Schmackhaftes, wie Speck und Wurst,
auch gar manches gegen Durst,
lagern an dem kühlen Ort,
bis die Hausfrau es trägt fort.

Dort, im Korbe ein Baguette,
Oscar es so gerne hätt',
trägt es in den Garten fort,
legt es ab an sicherem Ort.

Hungrig ist der kleine Hund,
denkt an Fressen alle Stund',
schaut nun auch nach besseren Sachen,
um den Bauch recht voll zu machen.

Aber diesmal hat er Pech,
mag er sein auch noch so frech.
Erwischt ihn doch der Hausherr dort,
nimmt sogleich die Wurst ihm fort.

Nun, hier endet die Geschicht',
maßlos sein, das lohnt sich nicht.
Ossi hat es übertrieben,
das Baguette ist ihm geblieben.

Vertan

Schau her
und blick auf Deiner Taten Ernte,
was Dir mit Leichtigkeit gelang,
wozu Du Deinen Geist,
Dich selber hast missbraucht.
Nie trug die Erde bitterere Schmerzen,
als heut, mit Deinem Tun befleckt.
Vertan die Chancen,
die Schöpfung in den Schmutz gezogen –
dabei Dich selbst dem Untergang geweiht.

Zweifel

So ist erklärte Wissenschaft –
Der Kreis ist rund,
die Linie nur ein Strich,
die Nacht ist schwarz,
der Tag dagegen hell.
So denken wir
und halten fest.
Und fragen nicht,
ist das der Kenntnis letzter Schluss
und gibt es keine andere Wahrheit ?

De oole Bank

In Nordhusen, op'n Elvdiek, stunn een oole Bank,
von achtern ut Holt een faste Wand.
So männich mol hew ick hier seten,
Tied un Stunn kunn ick vergeten.
Mien Vadder un dree Bröder, de sünd hier ge-
born.
Noch steiht dat Öllernhuus achtern Diek in Gorn.
Mien Vadder kunn so schöön vertelln,
wat se as Diekerjungs so dreven hebbt,
vun strannen un fischen mit een grotet Nett.

Gliek blangenbi dor stunn von Mudders Siet
uk een schöön Huus dicht ünnern Diek;
mit een Klööndöör un in Gorn een deepen Soot.
Anne Keed dor hung een grotet Loot,
den Ammer dörven wi rünner dreihn,
dat Woter wär so klor un rein.
As Kind bün ick hier veelmols wen.
An Diek to speln un rünnertrülln loten, wer dat
schöön.
Mit Lucks sien Postkutsch kunn wie hierher föhrn,
dat wär so recht wat vör uns Göörn.
Dat letzte Enn sünd wie loopen op'n Diek,
wär man een lütt Stück un gorni wiet.

Grotmoder har een groten Gorn, veel Johanns- un Stickelbeern
un Plum, Appel un uck sööte Beer'n.

In Stall wärn Sween, Höhner un uk een Zeeg.
Disse wull uns Kinner jümmers stöten,
wenn wi mol dörch den Stall dörch möten.
Omas sülm backen Stuten so witt un locker,
anröhrt mit Zeegenmelk, darop dick Botter.
Un obens denn Brotkartüffeln in Speck
un sülmfungen Stint un Ool in Suur, dat hett schmeck.
Domols wär de Elv noch dicht an Diek,
intwischen is hier Land anspöölt, so wiet.
Hier mündt de Stroom in de Nordsee rin,
de Scheep de treck ehrn Weg so still dorthin.
Dat Vörland is so breet un gröön,
in Butendiek veel Schaap un Göös to sehen.

No links goh op'n Diek bit an de Eck,
dor steiht een lütt witt Huus, mit Reet afdeckt.
„Glück im Winkel" stunn an de Wand dorschreven.
Hier wor een Schankwirtschaft bedreven.
Eeen ganz lütten Hökerloden wär uk dorbi.
Hier kunn man allns köpen
un uk Zuckerbuntjes, disse söten.
Hier wahn de Familie Glück all lange Johrn.

In de Schankstuv streu man fröher witten Sand op
den Footboorn.

Gemütli kunn man hier in Sofa sitten
un een schöön Tass Kaffee drinken.
Vun oole Tieden wor hier so gern vertellt,
mit Hinnerk un Lene uk mol von de nie Welt.

Nu lat den Blick no rechts mol gaahn,
sühst op'n Diek poor Hüüser stahn.
Dat is Niefeld, so lütt un smuck antosehn,
mien lütt Niefeld, wat büst du schöön.
Bi Delf Jans op'n Diek, dat mut man weten,
dor kanns een lecker Kreutbrot eeten.
Uk Smoraal deiht hier got smecken,
dor wars di noher de Snut aflecken.
Hier kickt man op den lütten Hov hendohl.
Paar lütte Scheep liggt hier fastmokt an Pohl.

Mien oole Bank, se steiht ni mehr.
Se würr scheef un morsch, full meist üm.
Son Bank kannst narms mehr finn,
blot hier an Elvdiek sehst ehr stoon.
Noch föhr ick mit'n Rad hierher, stoh op'n Diek
un lot min Kinnertied an mi voröbergohn.

Kindheit in Dithmarschen
Martha Grams (1907 – 1999)

Draußen

Geranien auf dem Fensterbrett;
sie fühlen sich geborgen
und draußen streicht der Wind.
Sie lauschen seinem Lied
und in den Wurzeln steigt die Freiheit,
die eine andere ist,
als die sie hegt.

Nicht alles klappt

Leise ist er,
nicht jeder hört ihn kommen,
ist selten wohl willkommen.
Niemand, dessen Freund er ist,
sein Nichterscheinen je vermisst.
Wer atmet, setzt sich ihm zur Wehr.

Der Knochenmann ist auf der Reise,
er führt sie durch auf seine Weise.
Auf seiner Liste stehen viele,
dort hakt er ab dann seine Ziele.
Beim ersten tritt er ein in's Haus,
der Alte wirft ihn einfach raus.
Ein paar Straßen weit zurück,
da hat er dann auch kein Glück.
Der Niere, die dort Sorgen machte,
der ging es besser als er dachte.
Und auch der Rest der Innereien,
der machte keine Scherereien.
Beim dritten hatte er nun fest geglaubt,
doch der war in Grönland, auf Urlaub.
Den vierten trifft er auch nicht an,
dem ging es gut auf Kur in Cann'.

Vier Haken und nicht eine Leiche,
für seinen Durchschnitt das nicht reiche.
So durfte es nicht weiter gehen,
einer jeder würde das verstehen.
Doch leider, genau so ging es weiter,
das stimmte ihn nun gar nicht heiter.
Nach dem zehnten Haken wurde er sauer,
wurde blass und das auf Dauer.
Die Liste, sie war fehlerhaft
und dieses fand er ekelhaft.
Das Papier, es war ein Dreck,
man hatte es ihm zugesteckt.
Sein Tagwerk konnte ihm nicht reichen,
von hundert Haken nur sieben Leichen.
An sich nur sechs – er nahm's in Kauf,
die siebte wachte wieder auf.
Zerknirscht und völlig ohne Kraft,
da hätt' er sich gern abgeschafft.

Sein Amt wiegt schwer,
doch weiter streift er durch das Land,
besagte Liste in der Hand –
mit übler Referenz,
als traurige Existenz.
Vielleicht werden es morgen ein paar mehr.

Ein Leben

Matt glänzend der Stein,
im Licht und Grün.
In ihn gegraben
die Zeichen eines Hauches,
Sekunden nur im Erdgeschehen.
Und doch wohl eine Ewigkeit,
für ihn,
der sie mit Leben füllte.

Worte

Ich sage etwas –
ach, hätte ich nur geschwiegen.
Ein dummes Wort,
ein hohler Satz.
Jedoch – sie sind gesprochen
und keimen tief
wie Saat im Felde.
Jetzt fahre ich die Ernte ein
und wenig ..
wenig wird wie früher sein.

Von der Eitelkeit

Und schau ich aus dem Fenster,
hinaus in meinen Garten,
so sehe ich dort Eitelkeit,
die Wirkung hat,
uns Menschen stets begleitet
und auch den Blumen niemals fremd

Als ich noch älter war

Als ich noch älter war,
etliche Jahre ist das her,
sah ich so manches ziemlich eng,
enger, als es dienlich war.
Im Urteil von strenger Sicht,
Konzessionen zogen Gräben,
die eigene Meinung in Tüten verpackt,
an erster Stelle stand die Pflicht.
Die Jahre vergingen wie im Nu,
ich pfeif' auf das Geschwätz;
das Leben hat so viele Farben,
schwarz-weiß gehören nicht mehr dazu.
Jünger wurde ich mit der Zeit,
die Tara doch, dies dumme Ding,
sie sperrt sich doch erheblich,
schrumpft leider, sichtbar weit.
Beklagenswert, es setzt mir zu,
ein Ende ist wohl abzuseh'n.
Im Kopf jedoch, da bin ich jung
und wünsche mir, das bist auch Du.

Zeit – Sein – Ist

Zeit …
Was ist Zeit?
Zeit ist kostbar, flüchtig, unendlich.
Letzteres jedoch nicht für mich, nicht für Dich,
für uns alle.
Zeit ist der Rahmen unseres Seins,
in dem wir alle unsere kleinen Ichs leben,
leben dürfen –
nicht zynisch, aber individuell
und vor allen Dingen dankbar.
Ein Korsett,
im gewissen Sinne einengend,
wenn man so will;
das uns strafft, Grenzen zeigt
und einmal, wenn es Zeit ist,
in Erkenntnis des zugedachten Maßes,
hoffentlich aufrecht hält.

Tossa de mar

Mittag –
milchige Hitze über der Bucht,
Hochsommertag.
Olivenhaine dösen an den Hängen,
betäubender Duft der Kiefern,
schläfriges Wellenspiel.
Tossa im August

Wir sind

Ich denke,
die Welt um mich ist.
Die Welt ist
und ich mit ihr.
Auch Du,
wir alle sind.
Nur wer ist,
kann etwas ändern.
Versuche es ..

Jeder kann sich irren

Da war er doch noch eingenickt,
für einen kurzen Augenblick.
Ein Wimpernschlag es wohl nur war,
für uns jedoch viel tausend Jahr.

Sechs Tage hatten ihn geschafft,
die Arbeit forderte viel Kraft.
Die kleine Pause stand ihm zu,
wer arbeitet, der braucht auch Ruh.

Dann war's vorbei,
ein Ende mit der Plackerei.
Hier allerdings hatt' er geirrt,
was wiederum ihn sehr verwirrt.

Was er jetzt sah,
es ging ihm nah.
Was trieben die dort unten nur,
von seinem Plan, nicht eine Spur.

Die Gier zerfraß sich dort am Geld,
der Mammon regierte deren Welt.
Wieso, warum, verstand er nicht,
doch dieses hatte kein Gewicht.

Sie alle kannten nur ein Ziel,
davon zu raffen, möglichst viel.
War das der Mensch, den er gemacht?
Fast hätte er jetzt doch gelacht.

Lüge, Krieg, Hass und Neid,
die machten sich da unten breit.
Und dies' Getue ihm zur Ehre,
als wenn er scharf auf so 'was wäre.

Bald wäre die Erde völlig platt,
die ganze Scheiße hat er satt.
Für ihn war es ein böser Traum,
für möglich gehalten, er hätt' es kaum.

Jetzt schaut er sich im Weltall um,
könnte er es ändern, er gäbe was drum.
Sollte es doch gehen wie es mag,
es blieb ihm noch der jüngste Tag.

Kinderhand

Weiche, zarte Haut,
Grübchen,
tastend suchend.
Kleine Finger
streicheln Sprache,
greifen wahllos,
fordern Wärme, Schutz;
geben Glück.

Das Lied vom Glück

Ein neuer Morgen,
verheißungsvoll der Dunkelheit entrückt,
verspricht auch Dir zu borgen,
einen Hauch vom kleinen Glück.
Das Glück, es trägt ein buntes Kleid,
es zeigt sich nie in gleichen Farben;
gib Dir die Zeit,
schenk Dir den Blick für diese Gaben.
Es sind die kleinen Dinge um Dich herum,
die doch das Wesentliche sind,
doch kümmern musst Du dich darum;
erinnere Dich an deine Zeit als Kind.
Lausch' doch den Vögeln in der Luft,
genieß den ersten Sonnenstrahl,
beacht' der Blumen Duft,
bedenke, kein Felsen ist nur völlig kahl.

Indianerzeit

Grüne Marschen – wenig Sand,
offen hin bis zu den Deichen,
die dicht unter den Himmel reichen,
zu meiner Kindheit Indianerland.

Wir, vom Stamme starker Wind,
in enger Bande verbunden,
die Marsch als Prärie zu erkunden,
waren Krieger, weniger Kind.

Die Tipis aus Säcken gebaut,
mit Phantasie bemalten,
knallbunt erstrahlten,
die Farben vom Maler geklaut.

Den Mississippi befuhren wir,
die Badewannen dümpelten im Fleet,
als Kanus zerteilten sie Schilf und Reet,
die Freiheit erlebten wir hier.

Das ist schon viele Jahre her.
Die Tipis hat der Wind verweht,
über die Jahre die Zeit vergeht,
die Indianer kämpfen nicht mehr.

Die Stammesbrüder leben jetzt in Reservaten,
keiner trägt mehr Bogen und Speer,
Bankauszüge interessieren sie mehr,
kämpfen auf andere Arten.

Der Kleine Wolf erinnert sich gern an die Zeit,
waren wir auch arm und fremd,
besaßen wenig mehr als ein Hemd,
die Zeit ist getragen von Dankbarkeit.

Unser tägliches Brot

Lichterglanz –
ein warmer Wind vom Meer,
Menschen drängen auf dem Boulevard,
vielsprachiges Stimmengewirr.
Lachen –
die Cafes überfüllt.
Abseits, am Rande der Lichter, ein Mann,
sehr schlank, wirres dunkles Haar.
Heruntergekommen –
den Schlafsack fest an sich gepresst.
Die Menschen sehen ihn nicht,
wollen ihn nicht sehen.
Blicke –
sie umschmeicheln die gefüllten Tische,
liebkosen die Speisen,
den Rest einer Pizza.
Glück –
der Mann setzt sich mitten auf den Boulevard,
isst den Rest.
Vielleicht der erste Bissen an diesem Tag.
Tossa im August.

Die Nordsee läuft aus

Das Bild hängt an der Wand,
zu sehen ist der Nordseestrand.
Der Wind treibt Wolken vor sich her,
darunter liegt das blaue Meer.
Die Möwen in der linken Ecke,
die kreischen hörbar um die Wette.
Ein LKw fährt vorbei am Haus,
dem Bild zunächst macht das nichts aus.
Doch plötzlich fällt es von der Wand,
hinunter rieselt weißer Sand.
Die Nordsee breitet sich auf dem Teppich aus,
strömt aus der Tür nach vorne raus.
Die Wolken haben es nicht ganz so eilig,
sie bleiben im Zimmer, vorerst einstweilig.
Es ist halt so, man sollte es bedenken,
nicht alles ist von uns zu lenken.
Das Meer springt manchmal über den Rand
und fällt dann schon mal von der Wand.
Ein Stillleben mit Obst wäre besser gewesen,
dann hätt' man die Äpfel vom Teppich gelesen.

Verano

Warmer Wind vom Meer trägt Kiefernduft,
strebt hinunter von den Hängen,
mischt sich dort mit bunten Klängen,
Heiterkeit schwebt in der Luft.

Nicht alles gelingt

Eine Leinwand,
die auf Holz gespannt,
am Nagel hing an einer Wand.
Jetzt steht sie auf der Staffelei.
Was wird dort jetzt mit ihr geschehen?
Geduld, wir werden es bald sehen.

Der Maler nahm sie von der Wand.
Auch er ist nicht von Zweifeln frei,
so steht er vor der Staffelei.
Ein erster Pinselstrich –
blau .. sehr dominant,
den setzt er an den rechten Rand.
An ihn gegrenzt Zitronengelb,
energisch dann als zweite Spur
und schafft damit Kontraste, pur.
Es folgen Flächen,
pastos gesetzt – ganz intensiv,
das Grün dabei sehr aggressiv.
Mit jedem Strich das Werk entsteht,
es soll wohl eine Landschaft werden,
eine schöne, von dieser Erden.

Auch Spachtelauftrag kommt zur Hilfe.
Er findet ihn doch zu erhaben,
beginnt die Farbe abzuschaben.
Dann endlich ist vollbracht das Werk.

Von Landschaft aber keine Spur,
stattdessen zwei abstrakte Köpfe nur.

Die Leinwand schweigt
und lässt's geschehen,
sie braucht das Bild ja nicht zu sehen.
Der Maler, wohl auch selbst erschrocken,
denkt .. so ein Scheiß,
übermalt dann alles nur mit weiß.

Udo

Die Sonne scheint,
Wind kräuselt das Wasser,
blaues Meer;
ein Klischee ..
heile Welt.

Auf einem Stein hockt ein Mensch,
er schaut hinaus,
der Blick ist leer.
Die Sonne spürt er nicht,
das Meer sieht er nicht.
Sein Herz ist schwer,
die Gedanken dunkel.
Er leidet ..
leidet an der Welt.
Sie ist ihm fremd,
herzlos, rücksichtslos.
Er sieht die Kühe auf der Weide,
morgen dem Schlachthof zugeführt.
Den Hund, der lästig geworden,
verlassen, an den Baum gebunden.
Das Schwein, als Glücksbringer missbraucht,
im Transporter, Richtung Ende.

Das Kind, misshandelt,
die Alten, um ihre Ersparnisse geprellt,
die Frau, vom Krebs zerstört,
Kriege, Hunger,
Betrug und Lüge.
Das Helle sieht er nicht.
Das Elend dieser Erde wiegt schwer.
Dunkle Wolken – Weltschmerz,
geschichtet über die Jahre.

Dann geht nichts mehr!
Diese Welt ist nicht seine Welt.
Für ihn gibt es nur einen Weg.

Der Wind treibt Blätter,
sie decken sein Grab.
Die Welt macht weiter.

Überall

Überall schmeckt Heimat
Überall spricht Wind
Überall schenken Freunde
Überall träumt Lachen
Überall drückt Leid

Heimat kann überall sein;
dort, wo Deine Füße stehen,
wo Dein Herz schlägt.
Gefühle tragen,
in guten wie in dunklen Tagen.

Der Wind spricht viele Sprachen,
überall ist er zu Haus,
hat viele Freunde.
Er kennt sich aus,
kennt jeden Ort, kennt jedes Haus.

Freunde sind wie Atem,
sie sind unverzichtbar,
ohne sie bist Du nichts.
Der Mensch allein,
muss einsam sein.

Die Summe von Lächeln, ist Lachen.
Wer lacht, vergisst,
er trinkt von der Sonne.
Kinder und Lachen sind Eins,
ohne das andere, kann keins

Leiden heißt Schatten spüren;
wer atmet, ist betroffen,
fühlt Löcher in seiner Seele.
Betroffen heißt .. getroffen,
bleibt oftmals nur ein Hoffen.

Reife

Der Gräser Tau
netzt nicht der Füße Schritte,
noch rührt der Blätter Schmeicheln
diese Haut.
Doch an den Farnen dämmern Träume
und reiben sich an grober Borke,
durchstreifen manch dunklen Grund.
Sie fallen nicht
wie reife Eicheln,
erleben wohl noch
manchen Herbst.

Ein Augenblick

Sterne .. viele Sterne,
Diamanten in der Nacht,
strahlen auf die Erde nieder,
die so weit,
die so klein.
Klein mit allem, was dort lebt,
lebt und atmet,
an Ewigkeiten denkt,
lebt für einen Augenblick.
Wenden sich die Sterne ab,
ist das Heute schon verblasst.
Staub –
ohne Licht,
bleibt zurück das fahle Nichts.
Hoffnung wohl auf neuen Glanz.

Das rechte Maß

Ein junger Mann
auf einer Parkbank sitzt,
dabei die Welt um sich vergisst.
Er denkt,
so lässt es sich wohl leben,
für andere mag's nur Arbeit geben.
Mit ihnen
möchte ich nicht tauschen,
viel lieber hier den Vögeln lauschen.
Er meint,
Arbeit brächte doch nur Mühe ein,
besser wohl, man ließ es sein.
Den Eltern aber,
ihnen fällt es schwer,
Faulheit per se, missfällt ihnen sehr.
Sie schimpften ihn
einen faulen Sohn,
sein Nichtstun wäre der blanke Hohn.
Er, betrübt, dagegen meint,
das wäre übertrieben,
würd' er doch nur seine Freiheit lieben.

Ihr Vorwurf – leider,
hemme sein Streben,
störe ihn in seinem Leben.
Die Welt sei schön,
bunt und ziemlich weit,
für Arbeit fehle ihm die Zeit.
Ziele gäbe es sicher viele,
jeder wolle woanders hin,
suche stets den eigenen Sinn.
Das ist sein Credo,
so glaubt er eben,
verteidigt es und lebt sein Leben.
Und dennoch merke,
nimm mit aus der Geschicht'.
Arbeit schadet niemals nicht.

Das Meer sah ich nicht

Ich ging,
begleitet von des Morgens Kühle,
hinab zum Meer.
Auf einem Weg, den Disteln säumten,
auf Steinen, deren Schicksal war,
die Last zu tragen,
und denen ich zu schwer.
Hinein in Dunst und Trauer.
Vor mir das Meer,
dessen Stimmen meinen Weg begleiteten,
mich riefen, lockten
und dessen Ufer
für mich doch unerreichbar weit.
So sah ich es nicht –
das Meer.

Verzicht

Hände – Stimmen
ziehen in den Nebel.
Sehend fällst Du
und dennoch
ergreifst Du nicht den Halm,
der für dich doch nah.

Von den Wolken

Der Wolken spröde Sinnlichkeit
zieht es zum Meer,
engen dessen Drang nach Freiheit
und dulden keinen Widerspruch
und fordern dieses Recht
von ihrer Allmacht her.
Sind sie es doch,
die selbst der Sonne,
nach Laune, ihren Zwang auflegen,
dem Wind,
der Macht der Blitze,
allein als Heimstatt dienen.
Das Meer,
ganz nach Belieben,
kleiden in dunkle oder helle Kleider
und wählen unter seiner Stimmen Lage,
die sanften oder grellen Töne,
beweisen damit ihre Größe.

Mückenstiche

Ein Hund wedelte mit dem Schwanz
und störte damit der Mücken Tanz.
Am Himmel zog drohend ein Wetter auf;
sie hielten sich nahe am Boden auf.
Dem Hund, dem dieses wohl missfiel,
fand mit dem Schwanz manch lohnend Ziel.
Die Obermücke sah dies mit Zorn
und blies sogleich in's Angriffshorn.
Die Mücken, mit zornigem Unbehagen,
begannen jetzt den Hund zu jagen.
Dem aber wurde es dann doch zuviel,
floh und nahmen ihnen so das Ziel.
Die Plagegeister ließen die Verfolgung sein
und fanden sich erneut zum Tanze ein.
Ein paar von ihnen waren flügellahm,
die Obermücke darauf keine Rücksicht nahm.
Sie befahl auch ihnen, jetzt zu fliegen
und nicht am Boden herum zu liegen.
Der Hund, der tat sich selber leid,
bezüglich der Stiche wusste er jetzt bescheid.

Erinnerungen

Herausstaffiert,
das Haar mit Wasser geglättet,
die Tüte in's Bild gerückt.
Ein Riesending,
bunt beklebt, mit Stolz getragen.
Soll sagen,
schaut her,
heute ist mein Tag,
mein erster Schultag.
Unruhig die Nächte davor.
Hinter mir das große Haus,
roter Stein,
viele Fenster schauen nach vorne 'raus.
Viele Kinder –
erhitzte, auch blasse Gesichter.

Ein Foto, schwarz-weiß.
Erinnerungen –
der Glanz ist verblasst.

Nordseesand

Frau Rubbel lebt auf Helgoland,
holt von der Düne dort den Sand.
In ihrer Küche stehen viele Flaschen,
aufgereiht und rein gewaschen.
Die Frau ist clever, gar nicht dumm,
die Flaschen stehen nicht nur so herum.
Dreihundert werden es wohl sein,
Frau Rubbel füllt dort Sand hinein.
Auf jeder klebt ein Etikett,
wohlgestaltet, richtig nett.
Auf diesem dort zu lesen steht,
vom Nordwind auf den Strand geweht.
Die Badegäste kaufen wie verrückt,
die Frau darüber sehr entzückt.
Zehn Euro kostet eine Flasche,
verpackt in blauer Plastiktasche.
Nach der Saison, der Urlaub ist aus,
die Touristen fahren erholt nach Haus.
In Bayern, in einer Einbauwand,
eine Flasche steht mit Nordseesand.

In ihr jetzt der Nordwind weht,
die Erinnerung über Seegras geht.
Eine Sorge plagt Frau Rubbel doch,
wie lange reicht der Vorrat noch?
Wenn alle Sand mit nach Hause nehmen,
wird es wohl bald keine Düne mehr geben.

Vom Schlaf

Schlafen werde ich morgen,
doch heute verlangt der Tag nach mir,
mit seinen Farben, seinen Klängen, dem Meer.
Dem Meer, das niemals schläft
und dennoch ewig jung,
das lebt und bebt und voller Kraft –
zu jeder Stunde
und keine Ruhe kennt.
Doch ich werde morgen schlafen.

Eine arme Socke

Alles steht mir zu,
alles ist selbstverständlich,
ist normal,
ist erreichbar.
Immer der erste,
ganz oben.
Kein Gedanke an das wie,
an das warum,
an das woher,
an das wohin.
Und dann – plötzlich ..
Leere.
Kartenhaus
Kein Netz

Die Jugend bleibt

Die Tage und die Jahre gehen,
das Leben, es ist endlich;
ach, bliebe doch die Zeit nur stehen,
der Wunsch, er ist verständlich.
Die Erde nur bleibt ewig jung,
trotz ihrer vielen Narben,
uns bleibt jedoch die Hoffnung,
wenn wir es auch beklagen.
Die wahre Jugend liegt in Dir,
sie fürchtet keine Falten;
verspricht Dir – Dir und mir,
sich ewig zu erhalten.

Ein Stück von (der) Seele

Vor der Stadt –
Felder, Wiesen, flaches Land,
ein paar Bäume,
endloser Himmel, weite Räume.

Ein Haus ... ein Garten,
die Mauern alt,
Pfannen, die das Dach nicht wärmen,
Fenster, die bei Winden lärmen.

Das Haus zerfällt,
ist mein Zuhause;
ein altes Haus mit Würde,
es zu bewohnen, für mich jetzt eine Bürde.

Die Großeltern haben es erbaut,
in ihren jungen Jahren;
seit langem lebe ich jetzt hier,
der Garten hinter'm Haus mit mir.

In all' den Jahren,
mochten wir uns gern;
ich habe ihn gepflegt,
mit Zuneigung gehegt.

Er ist ein Stück von meiner Seele,
bedeutet mir sehr viel;
er mag mich jetzt nicht mehr,
ich dagegen ihn immer noch sehr.

Er ist nicht gut auf mich zu sprechen,
denkt, ich hätte ihn verlassen,
keine Zeit mehr ihm geschenkt,
mein Interesse auf anderes gelenkt.

Doch ich wurde alt, verlor die Kraft,
nichts wollte er davon wissen;
haben wir uns doch beide sehr vertraut,
jetzt fühlt er sich von mir beraubt.

Zusammen sind wir alt geworden,
für mich führt da kein Weg zurück;
auch er wurde reifer mit jedem Jahr,
aber immer schöner, das ist wahr.

Jetzt, wo ich gehe, bleibt er zurück;
junge Menschen ziehen ein.
Für ihn wird's neue Hoffnung geben,
ich im Hause der Alten leben.

Ich werde ihn vermissen,
ihn und seine Blumen –
und das alte Haus.

Erinnerungen

Ein Mann –
zerstört, ausgebrannt,
den Glauben in zwei Katastrophen verloren.
Schlimmes gesehen, erlebt ..
vielleicht auch getan;
der Wurzeln beraubt.
Und dann war alles vorbei.
Zurückgekehrt in ein anderes Elend.
Den Schalter umlegen,
atmen lernen,
vergessen,
nach vorne sehen.
Irgendwie gelang es ihm nicht –
leer, ausgespuckt.
Die Jahre flossen in's Nichts – unaufhaltsam.
Arbeitslos,
Aushilfsjobs.
Vieles versucht – nichts gelungen.
Ein weiterer Schlag raubte den Rest.
Das Grau im Antlitz blieb für immer.
Hoffnungslosigkeit!
Ein Mann –
doch weinen sah ich ihn nie.

Ein Traum

Ich sah den Himmel über mir
und lag im Gras,
dicht neben Dir.
Ich spürte Deine Hand
und atmete scheu den Duft;
so vieles uns verband.
Ich sprach mit Dir
und lauschte dennoch Deinem Atem;
zwei Stunden nur .. und wir.
Ich hörte Deine Worte kaum
und dennoch waren sie wahr.
War alles nur ein Traum?
Die Zeit zerronnen
und Wolken zogen rasch vorbei.
Nichts war gewonnen.

Welkende Träume

Abgelegte Träume
sind wie welkende Blumen,
des nährenden Pulses beraubt,
dämmern sie auf das Ende hin
und sinken schließlich in das Nichts,
aus dem sie auch der Wille
nicht mehr belebt

Aus sich herausgefallen

Füße, die keine Strecke gehen,
sich tastend drehen wie im Kreis,
verschweigen doch verschämt
den Händen ihre Taten
und geben vor ein freudig Glück,
bemüht,
Gedanken einen Weg zu weisen,
die weder hier noch dort
ein Ohr erreichen.

Güstern

De Snee vun güstern
is vörbi –
keen een,
de dat kümmert.
Vörbi –
un doch,
weer güstern nie ween,
hüüt geev dat nümmers nich.
Un morgen harrs
ganz vergeden kunnt.
So leevd dat güstern
in uns wieder,
as Wuddel
un nümmers nich
as Snee vun güstern.

Gilt uns ein Lächeln

Wen streift denn schon
der Sonne Puls,
auf seinem Weg
von hier nach dort?
Wer atmet denn
des Habichts Lied,
der Moose Duft?
Nicht Du,
nicht ich.
Und doch bewegt der Kreis sich um die Achse,
gilt uns ein Lächeln,
dann und wann.

Menschen

Menschen sind ..
Menschen leben.
Jeder einzelne hat seinen Traum.
Was sie denken, macht nicht immer Sinn;
was sie tun, hat nicht immer einen Grund.
Dennoch –
Wo sie sind, ist Leben, Hoffnung,
manchmal auch Zukunft.
Wenn ihre Zeit kommt,
sie kommt immer,
gehen sie.
Sie gehen weit fort
und dennoch bleiben sie.
Ihre Spuren behalten ihre Sprache,
sind von Bedeutung –
gewichtiger als der Stein,
der an sie erinnert,
von ihnen spricht.

Die Gans

Novembertag – früh
Auf der Wiese zieht eine weiße Wolke.
Aufgeregtes Geschnatter –
Hundert bilden ein Ganzes.
Eine weiße Wolke,
nicht ahnend, was ihr zugedacht.
An ihrem Rand
ein einzelner Tupfer – abgesetzt,
eine Gans, flügelschlagend.
In ihrer Brust pocht es,
fordert Raum,
fordert Leben.
Ein Gefühl, das sie bisher nicht kannte,
ahnte.. vielleicht.
Flügelschlagend,
die Freiheit spürend,
die Freiheit, die sich über ihr wölbt – endlos.
Sie wagt ein paar Hupfer,
neigt den Kopf,
lauscht dem Wind,
der in ihren Federn spielt,
ihr zuraunt – immer wieder ..

Trau Dich! Trau Dich!
Sie lauscht,
reckt den schönen, schlanken Hals,
macht einige weitere Hupfer,
neigt den Kopf,
schlägt mit den Flügeln.
Trau Dich! Trau Dich!
Und plötzlich ..
Ein Ruck geht durch ihren Körper.
Sie läuft los,
flügelschlagend,
drei .. vier Hupfer.
Sie traut sich!
Sie hebt sich.
Sie hebt ab.
Der Wind, ein Freund, ist bei ihr.
Sie fliegt, sie fliegt – sie fliegt.
Tatsächlich .. sie fliegt,
gewinnt an Höhe und fliegt.
Zieht einen Bogen,
den Blick nach unten,
so, als könne sie es selber nicht glauben,
hinunter zu der weißen Wolke,
hinunter zu ihren Artgenossen.

Gefangen –
kein Stall, keine Gitter.
Es ist die weiße Wolke,
die sie dort unten hält,
der sie sich alle fügen.
Und dennoch –
Einige heben den Kopf,
lauschen dem Schrei von oben.

Die Gans ändert ihre Richtung,
fliegt davon.
Aus der Ferne ihr Schrei ..
Freiheit!

Und eines Tages,
wer weiß,
eine andere weiße Wolke,
eines Tages vielleicht,
wird es ihr gleich tun.

Mein Mensch

Nicht viele waren es,
die Dich auf diesem Weg begleiteten –
zwanzig ... vielleicht.
Die meisten Deiner Zeit
waren bereits vor Dir gegangen.
Auch ihrer will ich gedenken.
Aber ein schöner Tag war es dennoch – ein strahlender,
ein Vorfrühlingstag.
Die Sonne schien so warm,
die Gräber blühten,
und viele Vogelstimmen säumten Deinen Weg.
So trugen wir Dich zu Grabe
und legten Dich in Deine Erde;
zu Deinen Eltern,
zu Deiner Schwester
und wünschten und hofften,
dass Deine Reise gut sein wird –
wo immer Du auch hingehen würdest.

Unterwegs

Aus lichtem Dunst
die Sonne steigt empor,
zu wärmen,
was der Kraft bedarf;
taucht Wiesen, Felder
in ein frühes Licht,
das schwebend
sich dem Tag zuwendet,
um aufzugehen
in dessen Wärme.
Zu wärmen,
was vergänglich.

Nicht viel hat sich geändert

Das Beil zu schwingen,
gebot das Streiten um Höhle und Feuer.
Die Sippen vom Fischgrund zu zwingen,
kam derzeit schon manchem recht teuer.

Mit Schwertern und Spießen zu blitzen,
schien vielen statt Reden geboten.
In Schlachten die Leiber zu schlitzen,
war zeitweise nimmer verboten.

Der kleineren und größeren Schlachten
Führer, gab es reichlich und viele.
Wie verworren auch immer sie dachten,
so glichen sich doch ihre Ziele.

Der Trommeln und Schalmeien Klänge,
ersetzten den Massen das Denken;
im braun-roten Streit um die Ränge,
besessen, die Völker zu lenken.

Beliebig die Zeit, willkürlich die Jahre,
stets folgt dem Anfang ein Ende.
Welch' Hoffnung der Mensch auch im Herzen trage,
der Kreis verspricht nie eine Wende.

Hohngelächter im apokalyptischen Tanz,
der Tat folgt immer die Ernte.
Alle Weisheit der Menschen ein Mummenschanz,
was immer er auch lernte.

Wenn der Kreis sich verliert in enger Spirale,
Gewalten zerschmelzen das Urgestein,
wird Magma zerreißen die dünne Schale,
ein Ende finden der Menschen Sein.

Seetang

Frau Rubbel, eine dralle Deern,
lebt auf der Insel
und das sehr gern.
Bereits seit Tagen
sieht sie mit Unbehagen
Seetang am Strand in dicken Lagen.
Die Wellen trugen ihn hierher,
legten ihn ab
und spülten ihn nicht zurück ins Meer.
Die Gäste sehen ihn nicht gern,
das Zeug, es riecht,
sie bleiben fern.
Frau Rubbel ist irritiert,
sie hofft,
dass endlich was passiert.
Gedanken hat sie sich gemacht,
viel überlegt,
'ne Menge Zeit damit verbracht.
Eine Idee, gut, wie sie selber fand,
Seetang in Beuteln,
exklusiv von Helgoland.

Getrocknet, Meersalz dazu,
in Stoffbeutel gefüllt,
des Meeres Düfte ziehen durch im Nu.

Frau Rubbel betreibt damit jetzt einen Handel,
verkauft die Beutel,
selbst außer Lande.
Das Zeug, bis dahin nicht willkommen,
der Strand ist leer,
woher den Seetang jetzt bekommen?
Frau Rubbel fährt auch nach Norderney,
nicht weit entfernt von Helgoland,
kratzt dort den Seetang vom Inselrand.
Die anderen Inseln sind auch nicht fern,
und auch die Küste ist bereit,
sie alle geben Seetang gern.
In Sachsen, Hessen, anderswo,
selbst Mexiko ist interessiert,
die Beutel hängen auf jedem Klo.
Bei Wärme riecht es intensiv,
bedarf ein wenig der Gewöhnung,
vertreibt dafür aber jeden Mief.
Und was der Küste recht,
der See normal,
für Wohlgeruch im Klo allemal nicht schlecht.
Frau Rubbel, die ist heiter,
der Umsatz brummt,
so macht sie weiter.
Noch heute lebt sie auf Helgoland,
füllt Seetang in Beutel,
säubert noch immer den Strand.

Zu sehr verlangen wir nach Glück

Wir regeln wohl die Dinge
auf unsere eigene Art,
verlieren dabei manchmal den Faden,
der alle Menschen bindet,
den Augenblick, zurück zu treten.
Das Werk, das wir uns selber tun,
ist allemal dem Ziele dienlich,
das unsere Träume trägt,
trotz Unvermögen, vieler Lasten,
im Denken stets verankert ist
und selten nur Erfüllung findet.
Zu sehr verlangen wir nach Glück
und wählen oft den feinen Mantel.
Manch einer hat ihn nicht,
der wohl gefällt
und viele blendet,
doch mit der Zeit die Fäden lässt,
den Kern nicht mehr verdeckt.

Sommer

Sonnenstrahlen weben Fäden,
ziehen sich von hier nach dort,
binden an den Rosenstrauch,
der den Raum teilt mit den Blüten,
sich im engen Garten streckt,
freudig seine Knospen zeigt.
An den Herbst niemals mag denken,
hoffnungsvoll den Sommer atmet,
seine Kinder ihm nur schenkt.

Halleluja

Die Stadt spricht in Lichtern,
laut ..
Glanz überall,
wenig Wärme.
Menschen hasten vorbei – getrieben.
Kaufen, raffen,
arbeiten ihre Zettel ab.
Auf ihnen notiert,
was unabdingbar,
das Fest zu überstehen.

Am Boden hockt ein Mensch,
den Rücken an eine Wand gelehnt;
sie gibt Sicherheit.
Er hat keinen Zettel,
aber ein Pappschild ..
Danke!
An ihm vorbei das Gewühle,
kaum einer hält ein.
Und dennoch –
Gefühle kriechen an die Oberfläche,
verschämt, zaghaft.

Kontrolle hat seine Grenzen.
Münzen fallen,
geben hellen Ton.
Hoffnung klingt mit,
hörbar.
Wer hören kann,
wer hören will,
der höre.
Halleluja.

Noch einmal

Noch einmal alle Kräfte spüren
Noch einmal helle Sonne sein
Mag auch das Morgen mich erfrieren
Doch heute will ich bei Dir sein

Sommerträume

Und wenn im Frühjahr
die Tage
hinüber gleiten in den Sommer,
erblühen die Rosen,
blütenschwer in ihrem Duft
und hoffen auf die Sonne,
die sie ersehnen,
Behaglichkeit und Wärme,
die Geist und Körper zugetan
und Nahrung für die Träume.

Träumereien

Taumelnd zwischen Sein und Wunsch,
gebe ich mich dem Traume hin.
Milde Farben, schöne Blumen,
treten bald mir in den Sinn.
Such' die eine, sanfte Blume,
sehe sie so greifbar nah.
Ihre Blüten trägt die Jugend,
Träume schimmern durch ihr Haar.
Schenkt mir einen Hauch des Lächelns,
niemals trink' ich ihren Duft.
Herbst und Frühling,
Traum und Sein,
atmen nicht dieselbe Luft.

Vergessen

Eine Feder schwebt,
leicht, willenlos,
dem Wind ergeben.
Sie schwebt,
so lange,
wie es ihm gefällt,
um dann,
so sein Interesse an ihr verloren,
sie ablegt;
ablegt an einen Ort, den er vergisst.
Es sind so viele,
die wie die Feder abgelegt,
wenn ihre Zeit gekommen,
an einen Ort,
der bald vergessen.
Und dennoch hatten sie ein Leben.
So viele Leben, so heißes Sehnen
wurd' heimatlos
und schweben rastlos durch die Zeit,
suchen einen neuen Menschen,
der Heimstatt,
neues Leben,
neue Träume schenken kann.

Outfit

Klamotten, Aussehen,
Modewelt,
natürlich läuft nichts ohne Geld.
Wir wissen es;
die Werbung flattert uns in's Haus,
alles sieht dort super aus.
Das ist der Style,
den muss ich haben,
vor allem aber diese Farben.
Zweifelnd schau ich an mir runter,
meine Klamotten sind ein Witz,
nichts an mir so richtig sitzt.
Die Hosen flattern,
Sakkos, Hemden, peinlich eng
und erst die Farben, grottenstreng.
Schluss damit.
Ein Hahn soll mir ein Vorbild sein,
so bunt, so schrill, kleid ich mich ein.
Die Werbung ist ein Schmarren;
das Federvieh zu toppen,
fortan das Outfit meiner Klamotten.

Arm, aber dennoch

Kartoffeln, Brennnessel, Steckrüben –
kein Mangel an ihnen.
Sie füllten den Magen,
machten satt
und den Kopf frei;
die Nordsee gab die Würze.
Manchmal -
Kuchenreste,
fünf Pfennige die Tüte.
Luxus!

Ich war ein Kind,
mager, wache Augen;
das war nicht viel, aber es half.
Hungertöpfe blieben mir erspart.
Ein Behelfsheim –
mein Zuhause.
Deiche, Möwen, Lerchen,
endlose Felder.
Und dann der Himmel –
Nie werde ich ihn vergessen;
Kein Anfang .. kein Ende.

Unendlichkeit, die nachwirkt.
Die Kinderjahre gingen,
wie so vieles.
Andere Zeiten folgten.
Ich erinnere mich,
dankbar,
dankbar für eine Kindheit,
die Maßstäbe setzte,
dankbar für die kargen Jahre unter den Dei-
chen.

Vom Sturm

Wer wagte es, ihn aufzuwecken,
aus seinem Schlaf hoch zu schrecken?
Er schlief sehr tief,
als jene Macht ihn rief.
Heulend, kreischend, tief erbost,
bald über Meer und Länder tost.
Folgt eigenen Gesetzen,
um alle anderen zu verletzen.
Mit den Wegen wächst die Kraft,
deren Gier das Chaos schafft.
Er quält das Meer,
scheucht Regen, Kälte vor sich her,
beraubt sie deren Rechte,
hält sie als seine Knechte.
Was lebt, sich an den Boden drückt,
Nähe sucht, zusammen rückt.
Aus Stunden werden Ewigkeit,
schleichend nur vergeht die Zeit.

Endlich verlässt der Sturm den Ort,
auch seine Knechte ziehen fort.
Ganz plötzlich kam die Wende,
das Grauen hat ein Ende.
Er kehrt zurück, das ist wohl klar,
morgen, irgendwann, im nächsten Jahr.

Die Zeit

Und die Zeit breitete ihre Flügel aus,
weit aus, hob sich empor
und flog davon.
Mich nahm sie mit,
ließ Glück und Leid hinter sich
und schenkte mir
einen anderen Ort,
eine andere Heimat,
an denen ich genas.

Ein trauriges Fenster

Ein grauer Morgen,
ein grauer Himmel,
ein Fenster – trostlos.
Gardinen, in die Jahre gekommen,
erinnern sich an bessere Zeiten.
Tränen rinnen an der Scheibe.
Dahinter ein Mobile,
schaut nach draußen
auf die vollgeparkte Straße.
Vier Vögel aus Pappe
bewegen sich in der Thermik des Raumes.
Hinter ihnen Dämmerlicht.
Traurige Vögel
Trauriges Fenster

Zweifel

Ein Hauch,
ein Blätterrascheln.
Warst Du es,
von dem ich meinte,
ihn gehört zu haben,
in meiner Nähe wähnte?
Dich, der mir so fern,
so viele Jahre fremd,
auf anderen Wegen gehst?

Es war der Wind,
weil nicht sein kann,
was nicht sein darf!
Und dennoch –
ein Zweifel bleibt.

Zeitfracht Medien GmbH
Ferdinand-Jühlke-Straße 7
99095 Erfurt, Deutschland
produktsicherheit@kolibri360.de